W0321689

Schirner Verlag

Krafttiere sind geistige Helfer aus der Tierwelt, die Heilung, Kraft, Schutz, Begleitung und Hilfe in unser tägliches Leben bringen. Die heilende Kraft des Bären zum Beispiel stärkt den Körper und lässt uns die Ruhe bewahren. Der visionäre Blick des Habichts hilft uns dabei, in unserem Leben den Überblick zu behalten, und die Weisheit der Eule unterstützt uns dabei, weise Entscheidungen zu treffen.
Die Autoren stellen 37 Krafttiere vor und erläutern, wie man durch Visualisierung Verbindung mit ihnen aufnimmt und welche positiven Eigenschaften sie uns schenken.

Phillip Kansa wurde 1943 in den USA geboren. Der studierte Psychologe arbeitet seit 30 Jahren als spiritueller Lehrer und Berater und ist seit 22 Jahren Schamane.
Elke Kirchner ist hellsichtig und geht den Weg der Schamanin. Sie channelt Uriel, ein Engelwesen, und steht mit Lichtwesen und Krafttieren in Kontakt. Elke Kirchner leitet seit 12 Jahren Engel- und Schamanenseminare. Sie ist Mitbegründerin des Vision-of-Love-Zentrums für spirituelles Wachstum, geistiges Heilen und Hellsichtigkeit.

www.seminarhaus-lichthof.de

Phillip Kansa • Elke Kirchner

Finde dein Krafttier

und höre die Botschaft seiner Seele

Schirner Verlag

ISBN 978-3-89767-881-1

Phillip Kansa & Elke Kirchner:
Finde dein Krafttier
und höre die Botschaft seiner Seele
© 2010 Schirner Verlag, Darmstadt

Umschlag: Murat Karaçay
Fotos: www.fotolia.de und www.sxc.hu
Redaktion: Beate Christmann, Schirner
Satz: Katja Hiller, Schirner
Printed by: Reyhani Druck & Verlag,
Darmstadt, Germany

www.schirner.com

1. Auflage 2010

Alle Rechte der Verbreitung, auch durch Funk, Fernsehen und sonstige Kommunikationsmittel, fotomechanische oder vertonte Wiedergabe sowie des auszugsweisen Nachdrucks vorbehalten

Inhalt

Danksagung

Ich danke meinen beiden Töchtern Brigitte und Charlotte für ihre Offenheit und dafür, dass ich meiner Berufung nachgehen durfte – auch wenn diese mich oft Tausende von Meilen von ihnen entfernt hat. Im Herzen wart und seid ihr mir immer ganz nah!

Phillip Kansa (Spirit Bear)

Auf meinem schamanischen Weg öffnete sich die Tür zu den Krafttieren. Dank der Liebe, Toleranz und Unterstützung meiner Familie kann ich diesen Weg gehen. Besonders danke ich meiner Mutter Ingeborg, meinen Schwestern Barbara und Heike und deren Kindern Anika, Anna und Simon. Ihr habt stets an mich geglaubt.

Ich danke auch meinem geliebten Wegbegleiter, besten Freund und Lebenspartner Spirit Bear: Danke für deine Größe, deine Liebe und für die Erkenntnis, dass die Liebe zu allen bewussten Wesen das Wichtigste ist.

Elke Kirchner

Gemeinsam danken wir den Teilnehmern unserer Seminare für ihre Einsichten – oft sind sie unsere Lehrer gewesen. Dem Schirner Verlag gebührt Dank für das entgegengebrachte Vertrauen. Markus Schirner, Beate Christmann und Heike Wietelmann danken wir für die Unterstützung und die liebevolle Begleitung.

Einleitung

Von vielen Indianerstämmen wird das Wissen um Krafttiere bis heute gelebt, die Tradition mündlich überliefert. Insbesondere die Schamanen und Schamaninnen arbeiten mit Krafttieren, die sie auch Totemtiere nennen.

Krafttiere sind geistige Helfer aus der Tierwelt, die Heilung, Kraft, Schutz, Begleitung und Hilfe in dein tägliches Leben bringen. Sie verbinden dich mit deinen spirituellen Ebenen und schenken dir ihre Kräfte. So stärkt die heilende Kraft des Bären zum Beispiel deinen Körper und lässt dich die Ruhe bewahren. Der visionäre Blick des Habichts hilft dir dabei, in deinem Leben den Überblick zu behalten und die Weisheit der Eule dabei, kluge Entscheidungen zu treffen. All diese Tiere sind verbunden mit der Göttlichen Quelle, mit deinem eigenen Höheren Selbst und mit deiner Seele, die alles Wissen in sich trägt. Sie verbinden dich auch mit Mutter Erde und all ihren Geschöpfen.

Wir laden dich hiermit ein, deine Welt zu bereichern und dir von den Tierenergien aus anderen Dimensionen helfen zu lassen.

Die Übungen

Die Übungen in diesem Buch leiten dich an, Kontakt aufzunehmen, Kraft und Hilfe zu empfangen. Sie ermöglichen es dir, tiefe spirituelle Erfahrungen zu machen, die dich für dein tägliches Leben und auch für spezielle Situationen stärken.

Such dir, um die Übungen durchzuführen, einen Platz aus, an dem du dich wohlfühlst. Du kannst auch eine Kerze anzünden und damit die Geistige Welt einladen. Leise Hintergrundmusik hilft dir dabei, leichter mit den lichten Ebenen in Verbindung zu treten.

Viel Freude bei deinen inneren und äußeren Reisen und Begegnungen!

Wie du das Buch nutzen kannst

Dieses Buch kannst du komplett lesen oder als Nachschlagewerk benutzen. Eine andere Möglichkeit ist es, das Buch an dein Herz zu halten und dann zu überlegen, für welche Situation du nun den Beistand eines Krafttieres gut gebrauchen könntest. Schlag das Buch intuitiv auf, um das Krafttier zu finden, das dich in diesem Moment unterstützen kann. Es ist möglich, mit derselben Vorgehensweise auch ein Krafttier für einen Tag, für eine Woche oder für einen Monat einzuladen.

Du wirst bemerken, dass sich durch die Beschäftigung mit diesem Thema eine neue Welt für dich öffnet; auch im Außen werden sich dir mehr und mehr Tiere zeigen. Krafttiere können auf allen Ebenen eine große Bereicherung und Hilfe für dein Leben sein.

Traditionen und Krafttierreisen

In verschieden Traditionen werden die Menschen von klein auf von ihrem Krafttier begleitet. Es ist eng mit ihrer Seelenaufgabe verbunden. Um zu erfahren, welches dein Krafttier ist, kannst du mithilfe eines Schamanen, einer Schamanin oder eines anderen spirituellen Führers eine Krafttierreise machen. Spirit Bear (Phillip Kansa) hat eine solche Reise auf CD aufgenommen, damit du sie auch zu Hause machen kannst.

Symbole der Krafttiere

Die Urvölker meißeln ihre Tiere oft in Stein (Fetisch). Für sie ist die Kraft des Tieres dann in dieser Skulptur. Du kannst dein Tier aber auch als Zeichen deiner Verbundenheit in Form eines Schmuckanhängers um den Hals tragen oder ein Bild von ihm an die Wand hängen.

Tiere, die dir in der Natur begegnen

Auch Tiere, die dir draußen in der Natur begegnen, können ein Hinweis darauf sein, dass du ihre Kraft zurzeit brauchst. Ein deutliches Signal ist es, wenn sich dir ein Tier mehrere Male zeigt. Schau in diesem Buch nach seiner Botschaft. Falls das Tier hier nicht beschrieben ist, nimm dir Zeit, um in aller Stille Kontakt mit ihm aufzunehmen und es nach seiner Botschaft zu fragen. Vertrau deiner Intuition! Helfen kann dir hierbei die CD »Reise zu Mutter Erde« von Spirit Bear.

Tiere in Träumen

Erscheinen dir Tiere im Traum, hat das immer eine Bedeutung. Falls das Tier, von dem du geträumt hast, nicht in diesem Buch beschrieben ist, verbinde dich über einen kleinen bunten Regenbogen, der von deinem Herzen ausgeht, mit ihm. Stell dir das Tier vor, und frag dann nach seiner Botschaft. Hab ein wenig Geduld, wenn nicht sofort eine Antwort kommt …

Der Adler

Positive Schlagwörter

- Verbindung zum spirituellen Bewusstsein und zum Schöpfer

Wo hilft das Tier?

Der Adler bringt dir Botschaften von Gott und stärkt dein spirituelles Bewusstsein. Er verbindet dich mit deinem Höheren Selbst und somit mit dem göttlichen Potenzial. Er gibt dir die Kraft, dein spirituelles Sein auch in dein tägliches Leben einzubeziehen.

Wie schützt mich der Adler?

Er schützt dich davor, deinen Glauben zu verlieren. Im täglichen Leben lehrt er dich, um die Hilfe des Himmels zu bitten. Der Adler fliegt hoch, um dir Botschaften von Gott zu holen. Er zeigt dir, dass du ein geistiges Wesen bist und verbindet dich mit höheren Dimensionen. Ruf deinen Adler, und der Himmel wird sich für dich öffnen!

Verbindungsübung

Du schaust hoch in den Himmel und siehst dort oben etwas kreisen. Es ist kaum zu erkennen, was es ist. Bitte mit deinem Herzen darum, dass es näher kommt. Es nähert sich, und mehr und mehr erkennst du große Flügel. Es ist dein Adler, und er lädt dich ein, auf seinen Schwingen mitzufliegen. In seinem Schnabel trägt er ein goldenes Band: Es ist deine Verbindung zu Gott. Du berührst es sanft und spürst, wie goldenes Licht in deine Aura fließt, in dein Energiefeld und in jede Pore deines Körpers. Deine Verbindung zu deinem göttlichen Bewusstsein verstärkt sich – nun kannst

du Botschaften empfangen. Immer wenn du deinen Adler rufst, wird er das goldene Band in seinem Schnabel für dich bereithalten.

Die Ameise

Positive Schlagwörter

- Verbindung mit Fleiß, Heilkraft und der Energie von Mutter Erde

Wo hilft das Tier?

Die Ameise zeigt dir, was gerade zu tun ist. Sie hilft dir auch, zur richtigen Zeit am richtigen Ort zu sein. Sie lebt in Mutter Erde und verbindet dich so mit der Urweiblichkeit. Die Ameisen transportieren winzige Steine an die Oberfläche ihres Ameisenhügels. Diese sind für die Indianer heilig und werden für Ritualrasseln verwendet, da sie die Verbindung zu anderen Dimensionen unterstützen. So hilft dir dieses Totemtier mit seinem Geschenk, den Kontakt zur Schöpfer- und Heilkraft herzustellen.

Wie schützt mich die Ameise?

Die Ameise schützt dich vor Stagnation und gibt dir den Impuls für den nächsten Schritt. Sie zeigt dir, dass du nicht allein bist und dass Mutter Erde dich mit der Energie des

Urweiblichen nicht nur physisch, sondern auch energetisch schützt. Wenn es im Leben so viel zu tun gibt, dass du das Gefühl hast, überfordert zu sein, zeigt die Ameise dir, dass jeder Weg mit dem ersten Schritt beginnt. Sie zeigt dir, dass die Kraft mit dem Tun kommt. Mit der unerschöpflichen Kraft von Mutter Erde verbunden, bist du vor Überforderung und Burnout geschützt.

Verbindungsübung

Stell dir vor, du stehst an einem Ameisenhügel und siehst den Insekten zu. Plötzlich bist du im Hügel und genauso groß wie dessen Bewohner. Du kannst spüren und sehen,

dass die Ameisen energetisch mit Mutter Erde gut verbunden sind und dass sie stets neue Energie tanken. Die Kraft fließt zu den kleinen fleißigen Geschöpfen, und diese setzen sie für ihr Tun ein. Jetzt weißt du, warum die Tierchen nie müde werden. Auch zu dir fließt dieser Energiestrom. Atme in dein Herz hinein: Jetzt stehst du wieder in normaler Größe außerhalb des Hügels. Atme abermals in dein Herz hinein, und komm zurück ins Hier und Jetzt. Spür in deine Füße und in deinen ganzen Körper hinein, und nimm den Energiefluss wahr. Danke dem Ameisenvolk und Mutter Erde.

Die Antilope

Positive Schlagwörter

~ Schnelligkeit, Reinheit und Erneuerung

Wo hilft das Tier?

Unter der Führung von und im Einklang mit unserem Höheren Selbst hilft dir die Antilope dabei, schnell und elegant zu reagieren. Sie erinnert dich daran, all deine Ebenen rein zu halten – auch deine Gedanken. Antilopen fressen Salbeipflanzen, die alle Indianer Nordamerikas zur Reinigung der Aura benutzen und als Tee für die innere physische Reinigung trinken. Diese Erneuerungskraft schenkt dir dieses Krafttier für alle Bereiche deines Lebens, in der du sie benötigst.

Wie schützt mich die Antilope?

Durch die Kraft der Erneuerung schützt sie dich davor, in Altem steckenzubleiben. Ihre Schnelligkeit bewahrt dich davor, phlegmatisch zu reagieren. Allein ihre Gestalt löst in uns Menschen ein Gefühl der Leichtigkeit und Reinheit aus. So öffnet sie dich für ihre reinigende und erneuernde Kraft.

Verbindungsübung

Schließ deine Augen, und atme in dein Herz hinein. Du befindest dich in der Prärie Nordamerikas. Eine wunderschöne Antilope löst sich aus einer Herde und kommt auf dich zu. Dein Herz ist verzaubert von ihrer Schönheit. Bitte sie nun um die Kraft, die du brauchst. Sie hält dir ihren Kopf hin, und du berührst ihre Stirn. Du bist tief bewegt. Die Antilope sagt zu dir: »Ruf mich, wenn du Reinigung und Erneuerung brauchst! Ruf mich in der Nacht, wenn der Mond scheint! Ruf mich vor dem Schlafengehen!« Danke dem Tier, und komm zurück ins Hier und Jetzt.

Der Bär

Positive Schlagwörter

- Heilung, Kraft und Ruhe

Wo hilft das Tier?

Der Bär weiß, wo die Heilkräuter wachsen; er bringt dir Heilung und heilerische Fähigkeiten. Seine Kraft und Größe sind eindrucksvoll und stärken dieselben Eigenschaften in dir. Ruf die Bärenkraft, wenn du Unterstützung brauchst und deine heilerischen Fähigkeiten anwenden oder ausbauen möchtest. Der Bär hilft dir in Zeiten der Kraft- und Ruhelosigkeit dabei, wieder in deine Mitte zu kommen und neue Energie zu tanken.

Wie schützt mich der Bär?

Er bietet dir Schutz in für dich wichtigen Situationen, sodass du nicht aus deiner Kraft fällst. Der Bär schützt vor Krankheit und Ruhelosigkeit, und er hilft Heilern bei ihrer Arbeit.

Verbindungsübung

Es ist Winter und kalt. Du befindest dich vor einer Bärenhöhle und weißt, in der Höhle liegt ein Bär im Winterschlaf. Du kriechst zu ihm in die Höhle. Es ist dunkel, und du hörst ein tiefes Atmen. Du näherst dich dem Bären und kannst nun schon sein Fell fühlen. Du legst dich an den Rücken des Bären und spürst den Rhythmus seines Atems. Es ist, als ob du in seine Energie eintauchst, dein ganzer Körper wird von ihr erfasst. Bleib so lange liegen, bis du das Gefühl hast, ganz aufgeladen zu sein. Falls du seine Heilkraft benötigst, bitte ihn um diese. Bedanke dich dann bei dem Bären, kriech aus der Höhle, und komm zurück ins Hier und Jetzt.

Der Biber

Positive Schlagwörter

~ Altes loslassen und der inneren Stimme folgen

Wo hilft das Tier?

Der Biber ist ein guter Bauherr und hilft dir dabei, dich zu Hause geborgen zu fühlen. Er verleiht dir Flexibilität, wenn dein Wohnort nicht mehr zu dir passt. Er hilft dir, den Schritt zu wagen, etwas Neues und Besseres zu suchen. Er unterstützt dich dabei, dort sesshaft zu werden, wo es gut für dich ist. Der Biber schenkt dir Leichtigkeit und Begeisterung für Neues.

Wie schützt mich der Biber?

Er schützt dich vor dem Verharren an Wohnorten, die dir nicht mehr guttun. Der Biber schenkt dir die Flexibilität und die Freude, Neues zu erschaffen und Altes loszulassen. Ruf ihn, wenn du ein Haus renovieren oder bauen möchtest. Der Biber hat ein Gespür dafür, wie ein Heim gut und stabil erbaut wird. Ruf die Biberkraft, wenn du noch nicht weißt, wo dein neues Zuhause sein soll. Der Biber baut an fließenden Gewässern und errichtet seinen Bau dort, wo der Strom des Wassers es zulässt und es für den Nager gut ist. Wenn du wissen willst, wo im Strom des Lebens du dich jetzt niederlassen sollst, frag deinen Biber.

Verbindungsübung

Schließ deine Augen, und stell dir vor, du stehst an einem Fluss. Die Sonne scheint, und du schaust auf das Wasser. Du kannst erkennen, dass sich vor dir am Ufer ein Biberbau befindet. Eins der Tiere kommt aus dem Wasser heraus und schaut dich an. Du fühlst die Kraft der Freiheit in ihm und dass er immer seiner inneren Stimme folgt. In diesem

Moment erwächst in dir die Sicherheit und Gewissheit, dass auch du diesen Teil in dir hast, der weiß, was für dich gut und richtig ist. Nun bitte den Biber, dir eine Frage zu beantworten. Horch in dein Herz. Dorthin sendet der Biber seine Antwort. Danke dem Tier, und wisse: Dieser Platz und dein Biber sind immer für dich da!

Der Büffel

Positive Schlagwörter

- Fülle und Kraft
- Widerstandsfähigkeit entdecken

Wo hilft das Tier?

Dieses große und starke Tier hilft dir dabei, in der Fülle des Lebens zu bleiben. Büffel haben ganze Generationen nordamerikanischer Indianer mit all dem versorgt, was sie zum Leben brauchten. Die geistige Nahrung, die dir der Büffel bringt, ist das Wissen, dass wir alle eins sind und dass wir dem Großen Geist vertrauen können. Gott wird für dich sorgen. Der Büffel ist das einzige Tier, das die Widerstandskraft besitzt, sich in der Prärie in den Sturm und gegen den Wind zu stellen. Diese Stärke hilft dir dabei, deinen Weg zu gehen, wie stark der Gegenwind auch sein mag.

Wie schützt mich der Büffel?

Der Büffel schützt dich vor Mangel. Er gibt dir die Kraft, auch in stürmischen Zeiten durchzuhalten. Sein Vertrauen und seine Verbundenheit mit den Elementen helfen auch dir dabei, an das Gute zu glauben. Er schützt dich vor Angst. Der Büffel gibt dir den Mut, auch in bewegten Zeiten nicht aufzugeben.

Verbindungsübung

Schließ deine Augen, und sieh vor deinem geistigen Auge, wie du in der Prärie stehst. Vor dir entdeckst du eine Herde von großen, braunen Büffeln. Sie grasen und lassen sich nicht von dir stören. Bitte sie um die Büffelkraft.

Plötzlich sitzt du auf dem Rücken eines kräftigen Büffels, und er sagt im Geiste zu dir: »Halt dich fest, und spür, welche Kraft, welches Vertrauen und welches Durchhalte-

vermögen von mir zu dir fließen.« Der Büffel setzt sich in Bewegung. Denk nun an eine Situation in deinem Leben, in der du diese Kräfte brauchst, und lass sie dort hineinfließen. Sieh, wie die Situation sich für dich verändert. Wichtig ist, dass die Änderung zum Wohle aller Beteiligter geschieht. Schon die Vorstellung bewirkt Veränderung. Bitte den Büffel, stehen zu bleiben, wenn es Zeit für dich ist, ins Hier und Jetzt zurückzukommen. Ruf immer dann deinen Büffel, wenn du seine Unterstützung brauchst.

Der Bussard

Positive Schlagwörter

- Den großen Überblick gewinnen
- Die Vergangenheit verstehen
- Gegenwart und Zukunft klar sehen und deuten

Wo hilft das Tier?

Der Bussard schwebt in dein Leben, um dich dabei zu unterstützen, einen neuen Überblick zu bekommen. Wo stehst du gerade? Wo steckst du fest? Er kann dir helfen, indem er mit dir hochfliegt und dich deinen Lebenspfad erkennen lässt. So kannst du aus seiner Perspektive Zusammenhänge zwischen Vergangenheit und Gegenwart wahrnehmen und klar erkennen, wie du deine Zukunft am besten gestaltest.

Wie schützt mich der Bussard?

Der Bussard lädt dich dazu ein, wertfrei in die Vergangenheit zu schauen und Zusammenhänge zu erkennen, sodass du leichter vorankommen kannst. Er schützt dich vor Pannen und Misserfolg. Ruf ihn, wenn du das Gefühl hast, es geht nicht voran mit Projekten, die dir am Herzen liegen, oder wenn immer wieder Hürden in deinem Leben auftauchen. Vielleicht ist es auch einfach an der Zeit, dein Leben aus einer umfassenderen Perspektive zu betrachten.

Verbindungsübung

Such dir einen Ort, an dem du ungestört bist. Bitte dein Höheres Selbst nun um Führung. Denk an einen Bussard, der hoch in der Luft schwebt. Du betrachtest seine Leichtigkeit und Grazie. In deinem Herzen entsteht der tiefe Wunsch,

mit ihm dort oben zu schweben. Du blickst auf eine grüne Landschaft hinab und kannst alles glasklar erkennen. Du siehst viel besser als jemals zuvor. Nun bemerkst du, dass du hoch in der Luft schwebst. Der Bussard hat dir seinen Körper für eine Reflektionsreise überlassen. Bitte den Geist des Bussards, über deinen Lebensweg zu fliegen. Du erkennst so mit Leichtigkeit die wichtigen Punkte und kannst dir überlegen, wie du am elegantesten weitergehst. Nimm dir die Zeit, die du brauchst. Atme tief ein, und komm zurück in deinen Körper. Bedanke dich bei deinem Bussard.

Der Delfin

Positive Schlagwörter

~ Heilung durch Spiel und Lebensfreude

Wo hilft das Tier?

Der Delfin schwimmt in dein Leben und unterstützt dich dabei, Freiheit, Verspieltheit und Mitgefühl zu leben. Er hat eine starke Verbindung zu deinem inneren Kind und hilft dir dabei, emotionale Blockaden zu lösen und das Leben wieder in seiner ganzen schönen Vielfalt zu genießen. Dadurch, dass er mit Liebe und Mitgefühl fest verbunden ist, heilt er gebrochene Herzen und lässt das fröhliche Kind in dir wieder zum Vorschein kommen, das die Welt als Glück bringendes Spiel erleben darf.

Wie schützt mich der Delfin?

Der Delfin schützt dich davor, das Leben als etwas allzu Schweres zu betrachten. Er lässt dich erkennen, dass mit Freude und Spiel vieles leichter und besser gelingt. Seine Präsenz und sein authentisches, freundliches Wesen bringen Heilung in Bereichen, in denen du es nicht erwartet hättest. Dieses Totemtier schützt dich davor, in traumatischen Kindheitserlebnissen steckenzubleiben. Es heilt alte Verletzungen, sodass die Freude des Lebens für dich wieder spürbar ist.

Verbindungsübung

Stell dir vor, du befindest dich auf einem Boot auf dem Meer. Die Sonne scheint, und eine Delfinfamilie schwimmt neben dem Boot. Voller Freude springen die eleganten Meeresbewohner aus dem Wasser und tauchen wieder ein. Dein Boot gleitet ruhig über die Wellen, und die Delfine werden langsamer. Du springst ins Wasser. Ein Delfin nä-

hert sich dir. Behutsam und liebevoll berührt er dich und lädt dich ein, mit ihm zu schwimmen. Du hältst dich an seiner Rückenflosse fest. Langsam gleitet ihr zusammen durch das Wasser. Seine behutsame und freudige Art berührt dich in deinem Herzen, und du fühlst dich unendlich geliebt und getragen. Es durchflutet dich ein Schauer göttlicher Zuneigung, und dein Herz erfährt Freude und Heilung. Danke deinem Tier, und komm zurück in das Hier und Jetzt, indem du tief ein- und ausatmest. Nimm dir die Zeit, die du brauchst.

Das Eichhörnchen

Positive Schlagwörter

- Freude bei der Arbeit
- Effektivität spielerisch erreichen

Wo hilft das Tier?

Das Eichhörnchen bringt die Erkenntnis, dass Arbeit Freude bereiten kann, und es leitet dich an, effektiver zu sein. Es sammelt die Nüsse für den Winter spielerisch und voller Leichtigkeit. Durch sein bezauberndes Erscheinungsbild bewegt es uns Menschen im Herzen und bringt uns Freude. Das Eichhörnchen hilft dir, zu erkennen, wie du in Zeiten der Fülle mit Fleiß und Vergnügen erntest. Dann kannst du dich im Rhythmus der Natur und deiner Seele an einen geschützten Ort zurückziehen. Dort hast du nun Zeit für Entspannung und Träume – und um für deine Zukunft Pläne zu schmieden.

Wie schützt mich das Eichhörnchen?

Das Eichhörnchen schützt dich vor Trübsal und hält dich an, das Richtige zum richtigen Zeitpunkt zu erledigen. Es holt dich aus dem Alltagstrott in die Freude und Leichtigkeit zurück und erinnert dich immer wieder daran, dass die Kraft des Spiels dich vor Härte und Routine schützt. Das Eichhörnchen lehrt dich, mit dem Herzen zu sehen.

Verbindungsübung

Stell dir vor, du sitzt in einem schönen Garten. Vor dir springt ein Eichhörnchen auf einem Baum voller Freude hin und her. Ruf es im Stillen zu dir. Wie von Geisterhand geführt, kommt es und setzt sich eine Armlänge von dir entfernt hin. Bitte es um seine Kraft, um Freude, um Verspieltsein und um Fülle. Du spürst Wärme an deinem Herzen, und ein inneres Lächeln erfüllt dich: Du hast seine Gaben empfangen. Wann auch immer du nun an diese Herzenswärme denkst, entsteht sie in dir, und die Kraft des Eichhörnchens ist bei dir.

Die Eidechse

Positive Schlagwörter

- Grenzen bewahren oder auflösen
- Verbindung schaffen
- Energie auftanken

Wo hilft das Tier?

Die Eidechse zeigt dir, dass Zeiten der Ruhe und des Auftankens wichtig sind. Sie hilft dir dabei, im Sturm des Lebens einen sonnigen Platz zu finden, um in deine Mitte zurückkehren zu können. Auch hält sie dich davon ab, dich in den Strudel deines Umfelds hineinziehen zu lassen, und leitet dich an, deine Grenzen zu bewahren, um dich aus deiner Mitte heraus beobachten und dir selbst helfen zu können. Die Eidechse unterstützt dich dabei, alle Ebenen deines Seins wahrzunehmen.

Wie schützt mich die Eidechse

Die Eidechse schützt dich davor, dich im Alltag zu verlieren. Sie bewahrt dir Zeiten des Ausruhens und der Zentrierung. Sie möchte verhindern, dass du Gefühle übernimmst, die nicht deine sind! Möchtest du dich als spirituelles Wesen auf allen Ebenen erfahren, unterstützt dich die Eidechse dabei und behütet dich.

Verbindungsübung

Stell dir vor, du bist auf einem warmen und trockenen Platz, der etwas sandig und steinig ist. Du setzt dich in die Sonne und entdeckst auf einem Stein eine Eidechse. Du kannst spüren, dass sie mit Mutter Erde ebenso verbunden ist wie mit der Sonne, die sie wärmt. Sie lädt dich ein, das Gleiche zu tun. Du kommst mehr und mehr in deine Mitte, und die Sonne tankt dich mit Kraft und Wärme auf. Der Boden, auf

dem du sitzt, erdet dich und gibt dir Sicherheit und Energie. Bitte nun das Tier, dir dabei zu helfen, deine Grenzen im täglichen Leben besser zu bewahren und deine inneren Grenzen aufzulösen, um dich als vollkommenes, göttliches Wesen wahrzunehmen. Nimm dir Zeit, und komm dann zurück ins Hier und Jetzt.

Die Ente

Positive Schlagwörter

- Hilfe bei Neubeginn
- Balance, Hoffnung und Ausgeglichenheit

Wo hilft das Tier?

Die Ente taucht meist im Frühling auf und kündigt einen Neubeginn an. Sie hilft dir dabei, einen Neustart zu wagen. Deine Aufgabe ist es nun, eine Balance zu schaffen zwischen Tätigkeit und Bewegung sowie Entspannung und Ausruhen. Dieses Krafttier bewegt sich in der Luft, zu Wasser und auf dem Land. So zeigt dir die Ente auf, wie du im Leben vorankommen kannst. Sie bringt immer Hoffnung mit sich.

Wie schützt mich die Ente?

Indem sie dir ihre Vielfalt schenkt, schützt die Ente dich vor Einseitigkeit. Sie bewahrt dich vor Stagnation und gibt dir Hoffnung. Immer bringt sie verschiedene Möglichkeiten des Vorankommens mit sich. Sie leitet dich an, deinen eigenen Lebensrhythmus zu finden und weckt dich, wenn der Neubeginn vor der Tür steht, damit du ihn nicht übersiehst oder gar verschläfst.

Verbindungsübung

Schließ deine Augen, und stell dir vor, wie du am Ufer eines ruhig dahingleitenden Gewässers sitzt. Deine Füße lässt du im warmen Wasser baumeln. Es geht dir gut. Da siehst du eine Entenfamilie. Die Enten haben sich am Ufer des Flusses versammelt und schauen dich mit neugierigen, offenen Blicken an. Schau zurück, und bitte sie um ihre Kraft. Freude erfüllt dein Herz. Wenn du möchtest, bitte

um Bilder oder innere Worte, die dir die nächsten Schritte in deinem Leben zeigen. Bitte dein Höheres Selbst um Führung. Schreib all deine Erkenntnisse auf. Danke den Tieren. Atme tief in dein Herz hinein, und fühl deinen Körper wieder. Willkommen zurück im Hier und Jetzt!

Die Eule

Positive Schlagwörter

- Ewige Weisheiten erkennen
- Hellsichtige Antworten bekommen
- Das Dritte Auge aktivieren

Wo hilft das Tier?

Die Eule hilft dir dabei, dich mit deiner inneren Weisheit zu verbinden und das Dritte Auge zu öffnen. Sie aktiviert deine Hellsichtigkeit und unterstützt dich dabei, an die Weisheit der alten Seher zu gelangen.

Wie schützt mich die Eule?

Die Eule schützt dich vor Fehlentscheidungen, weil sie dich mit deiner inneren Weisheit verbindet. Sie aktiviert dein Drittes Auge, wenn du in andere Dimensionen reisen willst, und sie kann deine Hellsichtigkeit stärken. In tiefen Meditationen oder wenn du nach Visionen suchst, verbindet sie dich mit den alten weisen Sehern und behütet eure Verbindung, sodass ein ungestörter Kontakt stattfinden kann.

Verbindungsübung

Lehn dich an einen Baum, entweder im Geist oder in der freien Natur. Such dir einen großen Baum, der fest verwurzelt ist. Hier fühlst du dich sicher und geborgen. Du siehst die Sonne untergehen, und nach und nach wird es dunkel. Du schaust nach oben und blickst in die zwei großen Augen einer Eule. Bitte sie um ihre Kraft, und du spürst, wie sie sich mit dir verbindet. Dann gib dir selbst ein bisschen Zeit, bis du eine Weisheit oder Vision erfährst. Wenn du deine Übung beendet hast, danke der Eule und wisse: Sie ist immer für dich da. Du brauchst nur an sie zu denken.

Der Falke

Positive Schlagwörter

- Überblick über schwierige Situationen
- Innere göttliche Fähigkeiten und Stärken erkennen
- Gelegenheiten ergreifen

Wo hilft das Tier?

Der Falke erinnert dich an deine innere Stärke und deine göttlichen Gaben. Ruf ihn um Hilfe, wenn du Neues beginnen willst und dir nicht sicher bist, ob jetzt ein guter Zeitpunkt dafür ist. Der Falke weiß, wann sich gute Gelegenheiten für dich auftun werden.

Wie schützt mich der Falke?

Der Falke schützt dich davor, falsche Entscheidungen zu treffen. Wenn du deinen Falken rufst, kannst du Situationen von oben betrachten und sie so besser einschätzen. Der Falke erinnert dich auf deinem spirituellen Weg an deine Fähigkeiten und schützt dich davor, eine falsche Richtung einzuschlagen.

Verbindungsübung

Such dir einen ruhigen Platz, und setz dich hin. Atme in dein Herz hinein, und bitte dein Höheres Selbst, dich zu führen. Stell dir nun vor, du stehst an einer alten Kirche mit einem schönen Garten. Du setzt dich auf eine Bank. Es ist ein stiller und heiliger Ort. Nun siehst du im Kirchturm einen wunderschönen Falken sitzen. Er sieht dich an, und du schaust zurück. Bitte diesen Falken um seine Kraft, und du wirst spüren, wie er sich mit dir verbindet. Vor deinem geistigen Auge erscheint jetzt ein Symbol oder ein Bild, und du erkennst darin die Antwort des Falken auf deine Fragen. Bedanke dich bei diesem Ort und bei deinem Falken. Atme tief durch, fühl wieder die Unterlage, auf der du sitzt. Willkommen im nächsten Moment von Hier und Jetzt.

Der Frosch

Positive Schlagwörter

- Neue Lebensperspektiven gewinnen
- Lösungsmöglichkeiten entdecken
- Reinigung und Klärung

Wo hilft das Tier?

Von Druiden wurde der Frosch wegen seiner heilenden und erneuernden Kraft oft als Seher und Heiler verehrt. Brauchst du Heilung und Erneuerung, so ruf die Kraft des Frosches. Hast du das Gefühl, eine neue spirituelle Ebene erreichen zu wollen, so hilft dir der Frosch dabei, dass das sehr leicht und tief greifend geschieht.

Wie schützt mich der Frosch?

Rufst du die Froschkraft, schützt sie dich vor körperlichen und spirituellen Blockaden und löst sie auf. Der Frosch bewahrt dich davor, in Altem steckenzubleiben und Altes festzuhalten. Seine Kraft bewirkt eine Neugeburt.

Verbindungsübung

Stell dir vor, du stehst in einer Sommerlandschaft an einem Teich. Du bist ganz allein an diesem schönen Ort. Verbinde dich mit deinem Herzen, und ruf die Froschkraft. Mit deinem geistigen Auge siehst du nun einen Frosch vor dir. Er ist kraftvoll und vital. Bitte ihn, dich in deinem Leben zu unterstützen. Tritt in einen inneren Dialog mit ihm, und sag ihm, wo du seine Kraft benötigst. Spür, wie seine heilende, erneuernde Kraft in dich und in dein Leben fließt. Verweile einige Minuten in diesem Fluss der lebensspendenden Kraft. Danke dem Frosch und dem Ort, und komm zurück ins Hier und Jetzt. Such dir einen Stein an einem

Gewässer als Symbol für den Frosch, und bewahr ihn auf. Trag den Stein bei dir, wann immer du die Kraft des Frosches benötigst.

Der Fuchs

Positive Schlagwörter

- Schlaues Herangehen an Aufgaben
- Diplomatisch sein
- Persönliche Ziele elegant erreichen

Wo hilft das Tier?

Der Fuchs hilft dir dabei, bei Gesprächen und in allen zwischenmenschlichen Beziehungen wachsam zu sein. Ruf ihn, wenn du bei Verhandlungen Hilfe brauchst. Der Fuchs ist schlau und weiß, was man sagt und was man lieber verschweigt. Das bedeutet nicht, dass du hinterlistig kalkulieren sollst. Vielmehr zeigt der Fuchs dir klar, wann es wirklich schlau ist, etwas zu sagen, und wann es klug ist, zu schweigen. Der Fuchs ist ein Meister der Diplomatie und führt dir vor, wie du elegant und leicht Ziele erreichen kannst.

Wie schützt mich der Fuchs?

Der Fuchs schützt dich davor, vorschnell etwas preiszugeben, was dir schaden könnte. Seine Kraft hilft dir dabei, das

Richtige im richtigen Moment zu sagen und nicht durch impulsives Verhalten große Fehler zu begehen. Die Eleganz des Fuchses belebt dein Vorwärtsgehen und bringt Lebensfreude bei allem, was du anstrebst.

Verbindungsübung

Such dir einen ungestörten Platz. Stell dir vor, du sitzt neben einem Fuchsbau. Nun ruf das Tier, und bitte es um Hilfe. Nach einer kurzen Weile schaut dich ein rotbrauner Fuchs mit seinen schlauen Augen an. Du kannst seine Kraft und seinen wachen Verstand spüren. Nun lade ihn in dein Leben ein, und wann immer du an diese Augen denkst, wird dir seine Kraft zur Verfügung stehen.

Der Habicht

Positive Schlagwörter

- Schenkt innere Freiheit
- Schutz und Behütung

Wo hilft das Tier?

Wenn sich der Habicht in deinem Leben zeigt, sagt er dir: »Du bist behütet und beschützt.« Er kommt als Zeichen des himmlischen Schutzes zu dir. Mit seiner Kraft hilft dir dieses Tier dabei, zu erkennen, dass du frei bist, dein individuelles Leben zu führen. Er sagt: »Pass dich nicht so sehr an Regeln an, dass du deine freie Persönlichkeit und deine eigenen Wünsche vergisst!« Der Habicht begleitet dich auch gern als Hüter deiner spirituellen Vorhaben.

Wie schützt mich der Habicht?

Dieses Krafttier bietet dir in deinem Leben einen großen allgemeinen Schutz. Siehst du den Habicht an aufgabenreichen Tagen in deinem Leben, will er dir sagen: »Die geistige Welt wacht über dich.« Er bewahrt dich davor, dich im

Leben verloren zu fühlen. Er gibt dir die Kraft, im Fluss des Lebens nicht unterzugehen, sondern deine ureigenen Kräfte zu erkennen und zu leben.

Verbindungsübung

Stell dir vor, du sitzt auf einer Holzbank an einer Waldlichtung. Atme in dein Herz hinein, und komm in deinem Herzen an. Nun ruf im Geist den Habicht. Kurz darauf siehst du weit oben am Himmel einen Greifvogel kreisen. Er bewegt sich abwärts und kommt näher und näher. Vielleicht hörst du seine Rufe. Jetzt zieht er seine Kreise so dicht über dir, dass du seine gestreiften Flügelfedern erkennen

kannst. Du spürst, wie eine liebende, kraftvolle Energie von ihm zu dir fließt. Lass jede Zelle deines Seins von diesem Energiestrom aufladen. Du bist geschützt. Diese Energie gibt dir die Freiheit, dich zu leben, und der Himmel unterstützt dich dabei. Nimm dir Zeit, all diese Geschenke in deinem Herzen aufzunehmen, und dann danke dem Tier. Du siehst, wie der Habicht wieder höher steigt und sich von dir verabschiedet. Du kannst dir sicher sein: Er ist immer da, wenn du ihn brauchst. Atme ein paar Mal tief ein und aus. Spür die Unterlage, auf der du sitzt oder liegst, und komm zurück ins Hier und Jetzt.

Das Hermelin

Positive Schlagwörter

- Reinheit und Ehrlichkeit der Absichten
- Sich leicht an veränderte Lebensumstände anpassen

Wo hilft das Tier?

Die Hermelinkraft hilft dir dabei, aufrichtig und mit guten Absichten auf deine Umwelt zuzugehen. Die Prärieindianer zeigen die Ehrlichkeit ihrer Anliegen durch Hermelinfell in ihrem Kopfschmuck an. Das Hermelin bekommt im Winter ein weißes und im Sommer ein braunes Fell, und somit unterstützt es dich dabei, dich den Gegebenheiten des Lebens leicht anzupassen. »Bleib nicht in Altem stecken!«, sagt die Hermelinkraft. »Geh mit dem Rhythmus deines Lebens.«

Wie schützt mich das Hermelin?

Wenn deine Lebensumstände wie die Jahreszeiten wechseln, so hilft dir das Hermelin als Krafttier dabei, dich nicht ungeschützt und ausgeliefert zu fühlen. Wie sein Fell die

Farbe wechselt, so passt auch du dich nun neuen Begebenheiten an. Es leitet dich an, ehrliche Absichten zu verfolgen und nicht eigensinnig zu handeln. Seine Reinheit erinnert dich an die Reinheit deines Herzens.

Verbindungsübung

Stell dir vor, es ist dunkel, und du sitzt an einer Waldlichtung. Du rufst dein Hermelin, und schon schnuppert es an deiner Hand. Du schaust es an und spürst einen Energiestrom zu dir fließen. Spür diese Kraft in jeder Zelle deines Seins. Sie durchflutet all deine Gedanken, all deine Handlungen und macht dich flexibel. Stell dir symbolisch vor,

dass du ein Stück Hermelinfell an deinem Kopfschmuck trägst, das dich immer an deine ehrlichen und reinen Absichten erinnert. Danke dem Tier, und komm zurück ins Hier und Jetzt.

Der Hirsch

Positive Schlagwörter

- Stärke und Selbstachtung
- Den richtigen Weg finden

Wo hilft das Tier?

Der Hirsch hilft dir dabei, deine Selbstachtung zu stärken. Er zeigt dir: »In der Ruhe liegt die Kraft«, und er verbindet dich mit deiner spirituellen Führung. Er unterstützt dich dabei, auf dem richtigen Weg zu bleiben. Der Hirsch zeigt dir, dass du die Verantwortung für dein Leben selbst übernehmen kannst und dass du nicht der Meinung anderer folgen musst.

Wie schützt mich der Hirsch

Der Hirsch bewahrt dich davor, die Meinungen anderer wichtiger zu nehmen als dich selbst. Er unterstützt dich dabei, auf deinem Weg zu bleiben und der höheren Führung in dir zu vertrauen. Mit seinem Schutz kannst du in deine Ruhe und Kraft kommen und dort bleiben. Mit seiner Hilfe folgst du deiner inneren Führung.

Verbindungsübung

Stell dir vor, du stehst auf einer Waldlichtung, umrahmt von wunderschönen Bäumen. Du genießt diesen Anblick. Nun bitte darum, dass dein Hirsch sich dir zeigt. Nach einer Weile hörst du Geräusche, und du weißt, dein Hirsch kommt näher. Dann steht er auch schon auf der Lichtung. Er ist groß, stark und majestätisch. In dir hörst du eine Stimme, die sagt: »Hab keine Angst! Meine Kraft und meine Stärke gehören dir. Verbinde dich mit mir, und du wirst es spüren.« Bitte nun um die Verbindung, und du merkst, wie du ruhiger wirst. Es ist, als wenn du wachsen würdest. Dein Rücken wird gerade, und du nimmst innerlich Hal-

tung an. Du bist ganz bei dir und sehr selbstbewusst, ruhig und stark. Wenn du magst, frag nun deine innere Führung nach dem nächsten Schritt auf deinem Weg. Der Hirsch schaut dich an und verlässt langsam die Lichtung. Du weißt, immer wenn du seine Kraft brauchst, kannst du an diesen Ort zurückkommen, und dein Hirsch wird da sein.

Das Kaninchen

Positive Schlagwörter

- Fruchtbarkeit und Kreativität bei allen Vorhaben
- Ziele spielerisch erreichen

Wo hilft das Tier?

Das Kaninchen hilft dir dabei, deine Kreativität zum Ausdruck zu bringen und Arbeit spielerisch anzugehen. Dieses Totemtier unterstützt dich bei Projekten, die Begeisterung und Kreativität erfordern. Es hilft dir dabei, Visionen und Ideen zu realisieren und diese für dein Leben fruchtbar werden zu lassen.

Wie schützt mich das Kaninchen?

Das Kaninchen schützt dich davor, das Leben als Arbeit zu sehen und lädt dich ein, das Leben mit Leichtigkeit und Kreativität anzugehen. Es bringt das Spielerische in deine Aktivitäten zurück und hält dich davon ab, aufzugeben, wenn du bei deinen Projekten und Vorhaben Zeiten der Stagnation erfährst. Die Kaninchenkraft leitet dich an, fruchtbare Ideen zu realisieren.

Verbindungsübung

Stell dir vor, dass du eine Gruppe Kaninchen auf einer Wiese siehst. Beobachte sie eine Weile. Du kannst ihre Vitalität spüren, auch wenn sie alle ganz versunken vor sich hin mümmeln. Trotzdem sind sie wachsam und merken alles, was um sie herum passiert. Öffne dein Herz, und bitte das Kaninchen um seine Kraft. Du merkst, wie du belebt wirst. Lass seine Fruchtbarkeit in den Bereich deines Lebens fließen, in dem du sie jetzt brauchst. Stell dir vor, wie dir alles spielerisch und mit Freude gelingt. Dann komm zurück ins Hier und Jetzt, und danke dem Tier.

Der Kojote

Positive Schlagwörter

- Schenkt freudigere Lebensmuster
- Der weise Trickster

Wo hilft das Tier?

Der Kojote hilft dir dabei, das Leben von einer humorvollen und dennoch weisen Seite zu betrachten. »Nimm dich und dein Leben nicht zu ernst!«, sagt er zu dir. »Spiel mehr, und nimm dein Leben leicht. Wisse, es gibt eine höhere Macht, die dich liebt und alles zum besten steuert, wenn du es zulässt.« Die Kojotenkraft ist uns Menschen gesandt worden, damit wir erkennen, dass es immer verschiedene Sichtweisen gibt. Der Kojote ist schlau, und er trickst und spielt gern. Vor allen Dingen hält er gute, weise Lösungen für dich bereit – nur nicht die, die du erwartest!

Wie schützt mich der Kojote?

Der Kojote schützt dich vor zu starren Vorstellungen. Er bringt Verborgenes ans Tageslicht und das meistens in einem Moment, in dem du nicht damit rechnest. Er behütet dich davor, Dinge zu verdrängen und zu unterdrücken. Nimmst du die Gelegenheit wahr, die dir der Kojote zeigt, so kannst du dich mit Leichtigkeit und Humor von alten, behindernden Denkweisen befreien.

Verbindungsübung

Stell dir vor, du sitzt auf einem kleinen Hügel in einer Wüstenlandschaft Nordamerikas. Bitte nun mit deinem ganzen Herzen den Kojoten um seine Kraft. Du siehst ein Tier langsam auf dich zukommen. Ungefähr zwei Meter vor dir legt sich der Kojote in den warmen Sand und schaut dich an. Nun denk an die Situation, in der du seine Kraft

brauchst, und schließ deine Augen. Der Kojote wird dir Bilder der Lösung schicken. Vertrau deinen Eingebungen. Danke dem Tier, und komm zurück ins Hier und Jetzt. Denk daran: Wenn du den Kojoten bittest, dir in deinem Leben zu helfen, werden die Lösungen sehr effektiv und meist überraschend und lustig zugleich sein.

Der Kolibri

Positive Schlagwörter

- Sensibilität, Zartheit und feinere Wahrnehmung

Wo hilft das Tier?

Der Kolibri öffnet dich für höhere Schwingungen sowie die Schönheit und Zartheit des Lebens. Seine Gestalt lässt dich die feinen Energien um dich herum spüren, die das Leben verzaubern. Als Krafttier verhilft dir der Kolibri dazu, dass dein Herz sich durch zarte Schönheit öffnet und du alles als ein pulsierendes, regenbogenfarbenes Energiefeld wahrnimmst.

Wie schützt mich der Kolibri?

Der Kolibri bewahrt dich davor, die Schönheit des Lebens zu übersehen. Er sorgt dafür, dass du im täglichen Leben nicht hart mit dir und anderen umgehst, sondern dein Herz öffnest und deine Sensibilität und Zartheit lebst. Dieser kleine Vogel, dessen Gefieder in wunderschönen Farben schillert, unterstützt dich dabei, deine Welt mit dem Herzen zu sehen. Er hilft dir dabei, zu erkennen: Wie rau das Leben auch manchmal sein mag, es gibt immer die Möglichkeit, sich an den Regenbogen und an die lieblichen Schwingungen anzuschließen, die dich aus Gefühlstiefs tragen. Vom Regenbogen aus wird dein Herz mit pulsierendem Licht durchflutet.

Verbindungsübung

Geh an einen Ort, an dem du ungestört bist. Schließ deine Augen, und stell dir vor, du bist an einem ruhigen Ort im Südwesten der USA. Die Sonne scheint, und die Luft ist trocken und warm. Du sitzt auf der Veranda eines Hauses. Vor dir befindet sich ein Busch mit wunderschönen roten

Blüten. Du schaust näher hin und siehst einen kleinen Vogel mit einem langen Schnabel, der schnell mit den Flügeln schlägt. Ruf ihn mit deinen Gedanken; er kommt ganz nah zu dir. Du spürst seinen schnellen Flügelschlag, und dein Herz öffnet sich. Er berührt dich tief in deinem Innern, zarte Gefühle werden geweckt. Lass dich von diesen Gefühlen durchfluten. Es wird sein, als wenn sich der Himmel für dich öffnet. Nun fliegt dein Freund wieder davon, aber das Gefühl der Verbundenheit bleibt. Genieß es, und wenn es für dich an der Zeit ist, komm wieder zurück ins Hier und Jetzt.

Die Libelle

Positive Schlagwörter

- Kontakt zu Feen und Elfen
- Schnelligkeit und Wendigkeit

Wo hilft das Tier?

Die Libelle hilft dir dabei, den Kontakt zu Feen und Elfen aufzunehmen. Diese Wesen (mit zwei Flügelpaaren) leben in zwei Welten. Wo sie sich zeigen, ist sowohl die »reale« Welt als auch die »magische« Welt vorhanden. Libellen sind sehr wendig. Nehmen sie ein Hindernis wahr, korrigieren sie in Sekundenschnelle ihren Flug. Die Libelle hilft dir dabei, Entscheidungen schnell zu treffen und Hürden auf deinem Weg elegant zu überwinden.

Wie schützt mich die Libelle?

Die Libelle lädt dich ein, das kleine Volk der Feen und Elfen wahrzunehmen, und schützt dich davor, deine Augen vor ihnen zu verschließen. Sie zeigt dir, dass es falsch ist, sich von Hindernissen auf dem Weg abschrecken zu lassen, und unterstützt dich dabei, schnell und sicher zu entscheiden, wie es weitergeht. Ruf sie, wenn du feststeckst oder vor schwierigen Entscheidungen stehst.

Verbindungsübung

Ruf mit deinem Herzen die Libellenkraft, und stell dir vor, eine Libelle lädt dich ein, auf ihrem Rücken mitzufliegen. Fühl mit deinem ganzen Sein, wie ihre Wendigkeit und Schnelligkeit auf dich übergehen. Wenn du willst, lass dich in die Welt des kleinen Volkes fliegen, wo du die Feen und Elfen um magischen Beistand bitten kannst. Du spürst die Schnelligkeit und Wendigkeit der Libelle noch lange nachdem du zurückgekehrt bist.

Der Luchs

Positive Schlagwörter

- Hellsichtigkeit
- Die Fähigkeit, Verborgenes aufzudecken

Wo hilft das Tier?

Der Luchs ist ein starkes Krafttier. Er bringt die Hellsichtigkeit in dein Leben und kann dir dabei helfen, alles, was im Verborgenen liegt, zu erkennen und zu verstehen. Gibt es Situationen, in denen du nicht weiterweißt? Der Luchs lässt dich tiefer schauen und verborgene Hintergründe erkennen. Dieses Totemtier ist Träger des Lichts und verbindet dich mit der Energie und Klarheit des Himmels.

Wie schützt mich der Luchs?

Der Luchs schützt dich vor der Hinterlist anderer Menschen. Er bewahrt dich davor, eine Situation oder dein Gegenüber nur oberflächlich zu betrachten. Dieses Krafttier schützt dich vor Heimlichkeiten in deinem Umfeld und auch in dir. Es bringt Licht ins Dunkel und behütet dich auf dem Weg zu spirituellen Erkenntnissen und auf neuen Pfaden.

Verbindungsübung

Such dir einen Ort der Stille. Schließ deine Augen, und stell dir Folgendes vor: Du sitzt in einer stillen Vollmondnacht an einem Waldrand. Ruf deinen Luchs aus ganzem Herzen, und dann werde still. Das Tier wird sich vor deinem inneren Auge zeigen. Du spürst seine Gegenwart und seine Stärke. Nun denk an eine Situation, in der du seine Kraft gebrauchen könntest. Lass die Energie des Luchses in diese Situation einfließen. Neue Erkenntnisse werden sich einstellen! Du durchblickst die Geschehnisse von neuen, hö-

heren Ebenen aus. Bitte von nun an immer den Luchs um sein Licht, wenn du Lösungen finden willst, die zum Wohle aller sind. Lass dir die Zeit, die du brauchst, und komm dann zurück ins Hier und Jetzt. Danke dem Tier!

Der Maulwurf

Positive Schlagwörter

- Erdung und erhöhte Sensibilität

Wo hilft das Tier?

Der Maulwurf ist sehr sensibel. Jede Erschütterung – und wenn sie nur durch einen Wurm ausgelöst wird, der sich in der Erde bewegt – nimmt er wahr. Er hilft dir, sensibler zu werden, damit du in deinem Umfeld feine Disharmonien wahrnehmen und rechtzeitig darauf reagieren kannst. Er sorgt für deine Erdung und schenkt dir die Wurzeln, die dich mit Kraft versorgen. Für die Kansa-Indianer ist der Maulwurf auch das Krafttier, das Heilkräuter und heilende Wurzeln kennt.

Wie schützt mich der Maulwurf?

Der Maulwurf bewahrt dich davor, den Boden unter deinen Füßen zu verlieren. Er leitet dich an, dein Umfeld wahrzunehmen, und erinnert dich daran, dass für ein harmonisches Leben die Verbindung wichtig ist. Er lehrt dich, auch wenn du deinen Weg nicht siehst, auf Gefühl und Intuition zu vertrauen und einfach weiterzugehen. So wirst du vorankommen.

Verbindungsübung

Stell dir vor, es dämmert, und du sitzt auf einer Wiese. Um dich herum befinden sich einige Maulwurfshügel. Ganz in deiner Nähe bewegt sich etwas in einem Hügel, und du siehst den kleinen Kopf eines Tieres. Der Maulwurf lädt dich zu einer Fantasiereise ein. Schon befindest du dich auf seinem Rücken. Seine rosa Schaufeln graben sich mit dir nach unten in Mutter Erde. Es ist dunkel, und du riechst

und fühlst die Erde. Es ist, als wenn du das Nährende und Schützende unserer Mutter Erde mit jeder Faser deines Seins aufnimmst. Du spürst ihre Kraft, alles fühlt sich lebendig an. Dir wird klar, dass auch hier im Dunkeln eine eigene Welt existiert – du kannst sie wahrnehmen. Danke dem Tier, und wenn du genug Erdung, Kraft und Sensibilität erhalten hast, komm ins Hier und Jetzt zurück. Atme tief ein und aus – willkommen zurück!

Die Maus

Positive Schlagwörter

- Auf Details achten
- Aus der Bescheidenheit heraus großzügig sein

Wo hilft das Tier?

Die Maus ist bescheiden und zufrieden mit dem, was sie findet. Sie hilft dir dabei, dankbar zu sein für die Dinge, die du hast. »Fokussier dich auf das Wichtigste!«, sagt die Mauskraft zu dir, bevor du weitere Schritte bei einem Vorhaben gehst. Sie unterstützt dich dabei, großzügig mit der Umwelt umzugehen und nicht übertrieben kritisch zu sein.

Wie schützt mich die Maus?

Die Maus schützt dich, indem sie dir dabei hilft, eine Situation so zu überblicken, dass du einzelne wichtige Bestandteile nicht übersiehst. Sie zeigt dir, dass du von dir und von anderen Menschen nicht erwarten sollst, alles auf einmal bewältigen zu können. »Arbeite in kleinen, überschaubaren Teilen!«, sagt sie dir. »Das wird dich davor bewahren, dich zu überfordern.«

Verbindungsübung

Schließ deine Augen, und atme in dein Herz hinein. Komm ganz bei dir an. Stell dir vor, eine süße kleine Maus kommt auf dich zu. Sie tastet mit den Barthaaren ihre Umgebung ab und entdeckt jeden kleinen Krümel, der ihr als Nahrung dienen könnte. Du beginnst, sie zu verstehen und kannst dich in ihre Handlungen hineinfühlen. Nun denk an dein Leben: Wo brauchst du die Mausperspektive? Wohin geht dein nächster Schritt? Hast du dich gar selbst überfordert? Lass dir von der Mauskraft zeigen, auf welchen Teil deines Lebens du dich jetzt konzentrieren sollst. Wenn alle Fragen beantwortet sind, komm ins Hier und Jetzt zurück. Danke dem Tier für seine Unterstützung.

Der Otter

Positive Schlagwörter

- Erfindungsgeist, Freude und Erneuerung der Lebensenergien

Wo hilft das Tier?

Der Otter unterstützt dich dabei, im Umgang mit Vorhaben und Projekten erfinderisch zu sein, sodass du sie erfolgreich und leicht umsetzen kannst. Er spendet dir die Kraft der Erneuerung und Regeneration. Er zeigt dir, dass du mit Freude im Herzen anstrengende und schwierige Phasen leichter durchleben kannst. Seine Familie ist dem Otter wichtig, und so schenkt er dir die Kraft eines guten Familienverbandes.

Wie schützt mich der Otter

Der Otter schützt dich davor, deine Arbeit als Last zu betrachten. Er verleiht dir Einsicht darein, dass alles im Leben mit der richtigen Einstellung Freude bereiten kann. Durch seine Regenerationskraft bewahrt er dich vor Verschleiß und Burn-out. Mit seinem Erfindungsreichtum zeigt er dir, wie du es vermeidest, steckenzubleiben, und ermuntert dich, bei Angelegenheiten, die dir wichtig sind, nicht aufzugeben.

Verbindungsübung

Schließ deine Augen, und stell dir vor, du sitzt an einem Fluss. Der Otter wird sich nicht von selbst zeigen, du musst ihn aus ganzem Herzen rufen. Es bewegt sich etwas im Wasser; zwei dunkle Augen schauen dich an, und wie ein Strom aus Licht fließt von diesem kleinen, geschmeidigen Tier die Kraft zu dir. Nimm sie in jeder Zelle deines Seins wahr. Lass sie überall dorthin fließen, wo du Freude und

Regeneration brauchst. Benötigst du eine Idee für ein bestimmtes Projekt, dann entspann dich, vertrau auf deinen Erfindergeist, und lass die Lösung einfach in dir aufsteigen. Fühlst du dich aufgeladen und satt an Energie, dann danke dem Otter, schenk ihm dein Lächeln, und komm zurück ins Hier und Jetzt.

Das Pferd

Positive Schlagwörter

- Ziele durch Beweglichkeit und Willen erreichen
- Den eigenen Platz in der Gemeinschaft finden

Wo hilft das Tier?

Das Pferd als Krafttier gibt dir Durchhaltevermögen und den Willen, das Beste zu geben. Mit Anmut und Kraft dient es dem, der seine Sprache versteht. Das Pferd sucht die Nähe anderer Gefährten, um sich wohlzufühlen. Es hilft dir dabei, in Gemeinschaften zu leben und zu akzeptieren, dass jeder seinen Platz hat.

Wie schützt mich das Pferd?

Das Pferd schützt dich vor Einsamkeit und erinnert dich daran, dass jeder seinen Platz in der Gemeinschaft finden kann. Sein Durchhaltevermögen und sein Wille verhindern, dass es frühzeitig aufgibt. Seine Beweglichkeit lehrt dich, über Hindernisse hinwegzuspringen oder auch ihnen auszuweichen und einen neuen Weg einzuschlagen.

Verbindungsübung

Stell dir vor, du stehst vor einer Koppel und beobachtest eine Gruppe von Pferden. Eins zieht deine Aufmerksamkeit ganz auf sich. Verbinde dich über dein Herz mit diesem Tier. Es löst sich langsam aus der Herde und kommt im Schritt auf dich zu. Du spürst seine Stärke und Anmut. Seine Kräfte fließen in dein Energiefeld und erfüllen deinen ganzen Körper. Das Pferd hält dir seinen Kopf hin, und du streichelst ihn sanft. Ihr beide genießt diese gemeinsame Zeit der Nähe. Bitte dein Pferd um seine Kraft, und sag ihm, wenn du willst, für welche Situation in deinem Leben du seine Eigenschaften brauchst. Du könntest

es auch nach seinem Namen fragen, um es jederzeit rufen zu können. Ist deine Begegnung beendet, danke dem Tier, atme in dein Herz hinein, und komm zurück ins Hier und Jetzt.

Der Puma

Positive Schlagwörter

- Führungskraft und Entschlossenheit
- Anmut erwecken

Wo hilft das Tier?

Der Puma hilft dir dabei, Trägheit abzuschütteln und schnell zu handeln. Seine Führungsstärke kann dich im Leben dabei unterstützen, Projekte zielstrebig und mit Anmut anzugehen und zu vollenden. Die Pumaenergie gibt dir körperliche Kraft.

Wie schützt mich der Puma?

Dieses Krafttier schützt dich davor, gute Gelegenheiten zu verpassen. Es stärkt deine Führungskraft und bewahrt dich vor phlegmatischem Handeln. Es macht dir bewusst, dass eine anmutige Ausstrahlung und entschlossenes Handeln deine Selbstsicherheit stärken und auch dein Umfeld positiv beeinflussen.

Verbindungsübung

Setz dich hin, und schließ deine Augen. Atme in dein Herz hinein. Nun bitte den Puma um seine Kraft und Hilfe. Du hörst den Atem deines Tieres ganz nah. Vielleicht kannst du es in seiner anmutigen Gestalt vor deinem geistigen Auge sehen. Seine Energie fließt in dich hinein, und du spürst, wie du dich innerlich aufrichtest. Lass diese Kraft in all die Bereiche deines Lebens fließen, in denen du sie benötigst. Sieh nun die positiven Auswirkungen! Danke dem Tier, und komm zurück ins Hier und Jetzt.

Der Rabe

Positive Schlagwörter

- Magie vermitteln
- Schützender Begleiter bei Anderswelt-Reisen
- Der Wahrheit treu bleiben

Wo hilft das Tier?

Ruf den Raben, wenn du deine magischen Kräfte und Kräfte des Heilens brauchst und leben willst. Hol ihn für Reisen in andere Dimensionen (schamanische Reisen) an deine Seite. Bitte ihn um sein schützendes Geleit. Gibt es Dinge in deinem Herzen, mit denen du dich schon länger beschäftigst, die du aber nicht aussprichst, so verbinde dich mit der Kraft des Raben. Sie bringt dir den Mut, alles auszusprechen, was dir auf der Seele liegt.

Wie schützt mich der Rabe?

Der Rabe verheißt dir magische Momente im Leben. Er ist fähig, gleichzeitig in verschiedenen Dimensionen zu wirken, und er schützt und begleitet dich bei magischen Ritualen und bei Reisen in andere Welten. Der Rabe hilft dir dabei, deine innere Wahrheit auszusprechen – auch wenn du damit rechnen musst, dass andere Menschen anderer Meinung sind.

Verbindungsübung

Konzentrier dich auf dein Drittes Auge, das zwischen deinen Augenbrauen liegt. Entspann dich, und ruf den Raben. Bitte ihn um ein Zeichen. Stell dir vor, du berührst sanft sein Federkleid und schaust in seine dunklen Augen. Schenkt er dir eine Feder? Seine Kraft fließt in dich hinein und schützt dich im Hier und Jetzt sowie auf allen Reisen in andere Dimensionen.

Das Reh

Positive Schlagwörter

- Reinheit, Sanftmut und Liebe
- Wandel von Negativem durch Liebe

Wo hilft das Tier?

Das Reh hilft dir dabei, aus deinem Herzen heraus zu handeln. Es sagt: »Bleib in deiner Sanftmut und Reinheit, und schmilz alles Dunkle.«. Wenn das Reh dich anschaut, ist es in der Lage, mit seiner Reinheit und Sanftmut Wut, Zorn und sogar Bösartigkeit in Mitgefühl und Liebe zu verwandeln.

Wie schützt mich das Reh?

Das Reh schützt dich davor, in Wut und Zorn steckenzubleiben. Dieses Krafttier zeigt dir, wie du durch Reinheit und Sanftmut negative Emotionen und Gefühle bei Menschen verschwinden lassen kannst. Wann auch immer du denkst, dass du negativen Emotionen ausgeliefert bist, sagt die Rehkraft zu dir: »Hab Mut! Liebe ist die stärkste Kraft,

Mitgefühl und Verständnis sind der Weg dorthin.« Erkenne in jedem Menschen die Liebe und das Gute, auch wenn sie hinter Wänden der Wut und des Zorns verborgen sind. Das Reh schützt dich davor, zu meinen, dass die negativen Emotionen das wahre Ich des Menschen wären. Es lässt dich erkennen, dass die Basis dieser Welt die Liebe ist.

Verbindungsübung

Spazier in deiner inneren Welt an eine Waldlichtung. Es ist ein sehr schöner und ruhiger Ort, und du bist dort allein. Nun entdeckst du in nicht so weiter Ferne eine kleine Gruppe Rehe. Ihr alle bleibt stehen. Verbinde dich über dein

Herz mit den Tieren, indem du ihnen Liebe sendest. Ein besonderes Reh schaut dir direkt in die Augen. Geh langsam auf das Tier zu, und du wirst spüren, dass der Blick des Rehs dein Herz mit Sanftmut und Reinheit überflutet. Es berührt dich tief. Dieser Blick ist wie eine Welle und bringt alles, was nicht Liebe ist, in dir zum Schmelzen. Danke dem Tier, und immer wenn du an diesen Ort kommst, wird das Reh auf dich warten.

Die Schildkröte

Positive Schlagwörter

- Rückzug
- Kraft tanken
- Verbindung zu Schutz und Geborgenheit

Wo hilft das Tier?

Die Schildkröte hilft dir dabei, im richtigen Moment den Rückzug anzutreten. Sie legt dir nahe, keine voreiligen Entscheidungen zu treffen oder unüberlegte Schritte zu gehen. Die Schildkröte steht bei den Indianern für Mutter Erde, die uns Nahrung und Erdung schenkt. Die Schildkrötenkraft verbindet dich mit dem Schutz und der Fürsorge der Urweiblichkeit und gibt dir einen sicheren Boden unter den Füßen.

Wie schützt mich die Schildkröte?

Diese Kraft schützt dich davor, in der Betriebsamkeit deines Alltags unterzugehen. Die Schildkröte bewahrt dich davor, voreilige Entscheidungen zu treffen, und leitet dich an, aus der Ruhe heraus deinen Weg zu gehen. Sie zeigt dir, dass es sinnvoll sein kann, in stürmischen Zeiten auch mal den Kopf unter den Panzer zu ziehen, sich auszuruhen und Kraft zu tanken, um sich dann aufs Neue den Herausforderungen des Lebens zu stellen.

Verbindungsübung

Schließ deine Augen, und stell dir vor, du bist an einem Fluss in einer schönen, grünen Landschaft. Setz dich auf einen großen Stein am Ufer, und ruf deine Schildkröte. Du siehst ein großes und altes Tier auf dich zukommen. Als es dich entdeckt, hält es inne und schaut dich an. Du gehst auf deine Schildkröte zu und berührst ihren Panzer.

Es fließen Kraft und Ruhe in dich hinein. Du hörst in deinem Kopf die Worte: »Immer wenn du meinen Schutz und meine Kraft brauchst, berühr im Geist meinen Schild, und er wird der Deine sein.« Du setzt dich ins Gras, und auch das Tier verweilt bei dir – so lange, bis du bereit bist, deine Rückreise ins Hier und Jetzt anzutreten. Atme tief ein und aus. Öffne deine Augen – willkommen zurück!

Die Schlange

Positive Schlagwörter

- Stärkung der Heilkräfte
- Schutz bei der Meditation
- Aufzeigen von Kraftorten in der Natur

Wo hilft das Tier?

Die Schlange hat starke heilende Kräfte und unterstützt Menschen in Heilberufen. Ihren Schutz bietet sie allen, die auf verschiedenen Energieebenen wirken oder große spirituelle Öffnungen erfahren. Wenn sich eine Schlange an einem Ort zeigt, ist dies höchstwahrscheinlich ein Kraftplatz oder eine Stelle, an dem andere Dimensionen wahrgenommen werden können.

Wie schützt mich die Schlange?

Die Schlange bietet kraftvollen Schutz für schamanische Reisen in andere Dimensionen. Sie schützt dich vor Krankheit, wenn du in Heilberufen tätig bist. Ihr Schutz ist vielschichtig und sehr kraftvoll. Ruf sie immer dann, wenn du Energieebenen oder Dimensionen wechseln willst, und bei Einweihungen.

Verbindungsübung

Stell dir vor, du sitzt auf einem Kraftplatz in der Natur vor einer Höhle. Es ist warm in der Sonne. Du lehnst dich gegen einen Felsen und schaust auf die Öffnung der Höhle. Ruf jetzt deine Schlange, und du siehst, wie sie sich langsam aus der Höhle schlängelt. In der Hand hältst du Goldstaub. Er hilft dir dabei, wirklich sicherzugehen, dass es deine Krafttierschlange ist. Lass den Goldstaub auf sie fallen. Wird sie noch heller und schöner, so ist sie deine Schlange. Löst sie sich auf, dann warte noch eine Weile auf deine Schlange. Teste jede Schlange, die sich dir zeigt, aufs Neue. Hast du die richtige gefunden, frag sie nach ihrem Namen, damit du sie zu jeder Zeit rufen kannst.

Der Schmetterling

Positive Schlagwörter

- Transformation
- Neubeginn mit Leichtigkeit bewältigen

Wo hilft das Tier?

Der Schmetterling hilft dir dabei, Altes loszulassen: Sein Transformationsprozess birgt in sich einen Neubeginn. Das Insekt unterstützt dich dabei, aus den alten Mustern der Vergangenheit zu schlüpfen und neue, befreite Wege zu gehen. Es schenkt dir Leichtigkeit und die Gewissheit, dass nach der Entpuppung ein wunderschöner und leichter Weg vor dir liegt. Du darfst frei fliegen, voller Zartheit und auch Kraft.

Wie schützt mich der Schmetterling?

Der Schmetterling schützt dich davor, in alten Mustern steckenzubleiben. Seine Transformationskraft hilft dir dabei, dich zu entpuppen. Er verleiht dir die Ausdauer, lange Reisen zu machen, um ans Ziel zu kommen, und schützt dich davor, den Weg vorzeitig abzubrechen – besonders, wenn das Ziel ein wichtiger Punkt in deinem Leben ist.

Verbindungsübung

Stell dir vor, du sitzt auf einer schönen Sommerwiese. Du nimmst den Duft der Blumen wahr. Nun setzt sich ein wunderschöner bunter Schmetterling auf deine Schulter. Du nimmst seine zarte Sanftheit wahr. Überleg dir nun, was du loslassen möchtest, um einen Neubeginn zu starten. Welcher Ballast soll dir heute von der Schulter genommen werden? Der Schmetterling erhebt sich von dir, und du spürst, dass dir all das, was dich an einem Neubeginn gehindert hat, abgenommen wird. Fühl, wie leicht deine Schultern sind, und nimm wahr, dass der Neubeginn schon eingeläutet ist.

Die Schwalbe

Positive Schlagwörter

- Glück im Leben und in der Partnerschaft

Wo hilft das Tier?

Die Schwalbenkraft bringt Glück in dein Leben, ganz besonders in deine Partnerschaft. Sie hilft dir dabei, im Hier und Jetzt zu sein und den Augenblick zu genießen. Sie erinnert dich daran, mit deinen Gedanken nicht im Gestern oder Morgen zu verharren. Eine alte Geschichte erzählt, dass die Schwalben Jesus die Dornen aus den Füßen gezogen haben. Bitte dieses Totemtier daher, auch dir Erleichterung zu schenken und dich von allen »Dornen« der Vergangenheit zu befreien.

Wie schützt mich die Schwalbe?

Die Schwalbe schützt dich davor, in der Vergangenheit steckenzubleiben. Sie hilft dir dabei, den Augenblick zu genießen, und sie bewahrt dich davor, in Gedanken ganz woanders zu sein. Die Schwalbenkraft behütet deine Partnerschaft.

Verbindungsübung

Schließ deine Augen, und stell dir vor, dass du einen Schwarm Schwalben beobachtest. Eine fliegt in immer enger werdenden Kreisen an dir vorbei. Bitte sie um Verbindung. Konzentrier dich auf deine Mitte, und lass ihre Kraft in dein Herz. Nun nimmst du dich ganz wahr, und Glück und Erneuerung öffnen sich dir. Lass diese Kraft in alle Ebenen deines Lebens fließen. Wenn du soweit bist, komm ins Hier und Jetzt zurück. Danke dem Tier, und genieß dein Leben!

Der Schwan

Positive Schlagwörter

- Verbindung zu Ganzheit, Mut und zum Lebenspartner/zur Lebenspartnerin

Wo hilft das Tier?

Der Schwan bringt Frieden, beständige Liebe und die Verbindung zu all deinen Bewusstseinsebenen. Er hilft dir dabei, Körper, Geist und Seele in Einklang zu bringen und öffnet dir die Tür zu deinem Höheren Selbst. Der Schwan wählt einen Partner für sein ganzes Leben und liebt bedingungslos. Er unterstützt dich dabei, mit dir und der Welt in Einklang zu leben und öffnet neue Räume deines Herzens.

Wie schützt mich der Schwan?

Der Schwan schützt dich davor, eine Beziehung voreilig zu beenden und erinnert dich daran, dass du nur mit dem Herzen gut siehst und vernünftige Entscheidungen triffst. Dieses Krafttier bewahrt dich davor, bloß einen Teil deines Seins zu leben und bringt dir die ganzheitliche Verbindung. Es ist ein Glücksbringer in allen Bereichen deines Lebens. Der Schwan schenkt dir wahre Liebe und göttliche Verbindung.

Verbindungsübung

Atme in dein Herz hinein. Stell dir vor, du befindest dich in deinem Herzen, und vor dir ist eine schöne, weiße, geschwungene Tür. Du gehst zu dieser Tür, öffnest sie und stehst in einem Teil deiner Seelenlandschaft. Vor dir ist ein friedlicher See, und du setzt dich an sein Ufer. Du kannst zwei Schwäne sehen. Bleib ganz ruhig, und ruf sie mit deinem Herzen, wünsch sie dir herbei.

Sie kommen und schauen dich mit ihren dunklen Augen freundlich an, du kannst dich darin sehen. Nun spürst du, wie dein Herz berührt und mit Liebe durchflutet wird. Diese Kraft steigert sich, und du nimmst noch mehr wahr. Es ist, als wenn all dein Sein sich nun mit dem Frieden in deinem Herzen verbindet. Diese Anbindung an dein Höheres Selbst gibt dir Gottvertrauen und das Gefühl, dass alles möglich ist. Dein Verstand kommt zur Ruhe, und dein Körper entspannt sich. Öffne deine Augen in deinem eigenen Tempo, und komm zurück ins Hier und Jetzt.

Die Spinne

Positive Schlagwörter

- Verbindung zum höheren Bewusstsein
- Glück haben

Wo hilft das Tier?

Die Spinne webt einen feinen Faden zu deinem Höheren Selbst, deinen Engeln und geistigen Helfern. Sie schenkt dir eine Verbindung zum Himmel. Dort gibt es Antworten auf all deine Fragen zu deinem Leben und deinem Lebensweg. Für viele Indianerstämme Nordamerikas verheißt eine Begegnung mit einer Spinne Glück.

Wie schützt mich die Spinne?

Die Spinne als Krafttier schützt dich davor, in der Hektik des Alltags deine Verbindung zu den höheren Dimensionen und Lichtwesen zu vergessen. Brauchst du einen Rat von einem spirituellen Helfer, so bitte die Spinne darum. Sie webt die Verbindung für dich. Nimm dir die Zeit, in der Stille ihre Botschaften zu hören. Die Spinne unterstützt dich dabei, ein Netz der liebenden Verbindung zu allen Wesen zu weben.

Verbindungsübung

Nimm dir Zeit, und setz dich an einen ruhigen Ort. Entspann dich, und ruf nun in Gedanken deine Spinne. Du siehst sie vor deinem inneren Auge. Bitte sie um die Verbindung, die du dir wünschst. Horch so lange in dich hinein, bis du eine Antwort oder eine Botschaft hörst, siehst oder fühlst. Danke der Spinne, wenn es Zeit für dich ist, zurückzukommen, und schreib deine Erkenntnisse auf.

Der Wolf

Positive Schlagwörter

- Kraftvolle Begleitung
- Schutz

Wo hilft das Tier?

Die Wolfskraft ist stark. Es gibt keinen stärkeren Schutz als sie. Der Wolf lässt dich als Begleiter nie allein. Er gibt dir Sicherheit, Stärke und Verbundenheit. Der Wolf behütet seine Familie, das Rudel, spendet Trost und schenkt Geborgenheit. Der Wolf hilft dir dabei, zu einer Familie oder Gruppe dazuzugehören. Er hilft dir aus Isolation und Einsamkeit heraus und unterstützt dich dabei, dein Rudel, deine Familie, zu lieben und zu schätzen.

Wie schützt mich der Wolf?

Der Wolf beschützt dich auf all deinen Wegen. Wo auch immer du bist, auch er ist da und wird seine Zähne zeigen, wenn dir jemand zu nahe kommt. Er behütet dich und deine Lieben. Er sorgt dafür, dass alle in deiner Gemeinschaft oder Familie zusammenarbeiten. Alle für einen, einer für alle.

Verbindungsübung

Such dir einen stillen Ort, an dem du deinen Wolf rufen kannst. Nimm dir Zeit für diese wichtige Begegnung. Atme tief ein und aus, und öffne dein Herz. Sei ganz still, und du wirst vielleicht sein Kommen hören oder auch spüren. Er wird dich erst einmal beschnuppern. Halt still, und öffne langsam deine Augen. Schau ihn nicht direkt an, sondern senk deinen Blick leicht nach unten, damit er spürt, dass er dich leiten darf. Dann schließ wieder deine Augen, und die Nähe und Energie des Wolfes fließt in deinen ganzen Körper. Gib ihm einen Namen, mit dem du ihn jederzeit rufen kannst, wenn du seine Hilfe brauchst.

Schlusswort

Dieses Buch hat auch uns noch tiefer mit den Krafttieren verbunden. Während des Schreibens nistete sich eine Maus bei uns ein und erinnerte uns daran, dass wir das Wesentliche nicht vergessen sollten.
Der Habicht hat uns stets bei unseren Spaziergängen begleitet und zeigte sich oft dann, wenn wir wissen sollten, dass der Große Geist über uns wacht.
Wir haben das große Glück, eine tiefe Verbindung zu den Indianern Nordamerikas zu haben. Ihr Selbstverständnis, ihr Weg, mit den Krafttieren zu leben, sie zu achten und zu ehren, war und ist eine große Bereicherung für uns.
Ruf deine Krafttiere! Sie werden mit all ihren Stärken kommen. Lass zu, dass der Himmel dir durch diese Wesen hilft. Mögen sie als Helfer und Begleiter zu einem Teil deines Lebens werden!

Bibliografie

- Kämper, Angela: *Tierboten. Was uns Begegnungen mit Tieren sagen*, München 2005.

- Pazzogna, Annie: *Totem. Praxishandbuch der indianischen Krafttiere und Schutzpflanzen*, Uhlstädt 2002.

- Sams, Jamie/Carson, David: *Karten der Kraft. Ein schamanistisches Einweihungs-Spiel in den »Pfad der Tiere«*, Oberstdorf 2007.